POMAS TRUNCAS

Leoncio Estévez-Reyes

Order this book online at www.trafford.com
or email orders@trafford.com

Most Trafford titles are also available at major online book retailers.

Printed in the United States of America.

ISBN: 978-1-4669-0265-7 (sc)
ISBN: 978-1-4669-0264-0 (e)

Trafford rev. 11/14/2011

 www.trafford.com

North America & International
toll-free: 1 888 232 4444 (USA & Canada)
phone: 250 383 6864 ♦ fax: 812 355 4082

ÍNDICE

"Alguien que hace rimas y un poeta son dos cosas diferentes"

Ben Jonson

"Cada hombre acarrea en su interior el alma de un poeta que falleció en su juventud"

Charles Agustin Sainte-Beuve

"¿Cuándo es que los ingenieros de la eficiencia y los poetas trabajarán juntos en un algoritmo?"

Carl Sandburg

PROLEGÓMENO

Tomando prestadas palabras de otros a quienes bien quiero y mejor respeto, déjame confesarte, lector, que hasta ahora no he sido tan necio que diese en poeta malo, ni tan venturoso que haya merecido serlo bueno. Pero como alguna fuerza en mi interior me empuja a emborronar cuartillas, preñándolas de letras con pretensiones de ser verso, aventuro éstos que no han de cambiar las ecuaciones de la ciencia de Euterpe porque ya es sabido que, del infinito número de poetas, los buenos no llegan a decimales. Si por la huella de las garras se viene en conocimiento del felino, no sé qué conclusiones pergeñarás de su lectura porque poco arañan y menos rajan y su abundancia no es mucha, aunque haya dedicado a ellos la mejor de mis voluntades. Y aunque ya se sabe que de los hombres se hacen los poetas, no conduce la primera condición a un solo y seguro desenlace, añadido al obligado de morirse.

Libradas estas advertencias, bendigo el que pongas por obra el pensamiento de leerme y ruego que no castigue la travesía tan generosa intención con la necesidad de ponerte en cobro, para librarte de los daños y maleficios de los decires de un necio, que ninguno intento ni ambiciono, puesto que más me honraría el ser bellaco y aun recibir los azotes del verdugo. En cualquier caso, como ya toca esta introducción a despedida y es hora de que te hagas al camino, déjame saber de tu salud, llegada y suceso que estimo sean por fuerza positivas porque no hay andadura tan mala como se acabe. Ni siquiera por los predios de lo que pretende ser poesía.

VERSO LIBRE

CELIBATO

He coleccionado muertes por tanto tiempo
que ya no sé donde poner las tuyas.

Todas mis gavetas están llenas
de esas horas que usé y dejé de lado:
momentos desechables,
tardes de letargo apiladas,
arañazos sobre la piel de tantas madrugadas.

En mi escritorio no cabe más desorden.

En mi cama no hay espacio
para más de una respiración.

Mi ducha no sabe como albergar
más de un grifo.

He coleccionado muertes por tanto tiempo,
una a una y en solitario.
¿De qué me servirían las tuyas?

ESCRIBANO

¿Querría por ventura
su Excelencia,
insuflar de realidades
estos cueros?
Odres do antaño
cobijose cotidianamente
un vasallo del pan
y su genealogía.

¿Querría Ud. salpicar
con precisiones
que rasguñen la tez
del pergamino,
lo que el pasado
curtió sobre mis huesos
amasando mañanas
y venidas?

Sepa mosén que,
sin su venia,
el campo yermo
desanudará las ligas
que ataron mi nombre
a los suspiros,
mi ser a la estadía
cercana de la bruma.

Y así, en verdad,
sin despedida,
como villanos seculares
errarán,
mis sueños,
vestidos de ceniza.

Sepa mosén que,
sin su venia,
no habrá yantar
ni purgaciones;
no habrá penar
ni mancebía.

Dado a emplazar
¡Reclamo a Usía!
Y diga vuesamerced
si, en puridad,
no merece mi persona,
la caricia de
su letra bienhechora,
cuerpo sin alma,
del que, estando al cabo,
quieren ponerse a bien
las multitudes
para mirarse
en el abrevadero
de los días.

AMORES TRANQUILOS

Sobre el silencio
cruje tu cepillo
¡Que circunstancia!
El ruido sustituyó
a la sorpresa
y ya conozco
tu mundo de amanecida
y el entrepaño
que cubre la distancia
entre bostezo de arranque
y de salida:
cosas desnudas
que a veces se te caen
de la boca.

Tejes, tejemos,
el hilo del tiempo
que se congela
entre mi trabajo
y tu labor de escuela
y así, de despedida,
se nos fueron
los días para el debut,

los entremeses.
Ya te predigo,
ya me descifras:
oscuros lenguajes de
quien sabe de trucos,
tus idas y mis vueltas.

Sobre la venda de sol
que se descuelga
por la ventana,
cruje el cepillo,
ahíto de pelo
y, desde el silencio,
ruego que no
de canas.

ÁLBUM DE FOTOS

Hoy la nostalgia
sale a paseo
y a todos mira
con ojos helados
que hablan
de antiguos amaneceres,
fríos de soñar
y de caída.

Hoy la tristeza
extiende su mano,
sabia de dolor
y perdidos placeres.

Juntas,
las vemos alejarse,
codo a codo,
por sobre tortuosas veredas,
entonando,
casi en susurros,
la canción imperceptible
de la derrota
eterna
ante el olvido.

TOMASI DE LAMPEDUSA

¿Quién, como yo,
iridiscente,
angustiado,
genial
y temeroso,
se volcará
sobre un embaldosado
oscuro de provincias
para alabar
el transcurrir
sosegado
de las tripas?

PARTO

Me investí de mi piel
para lanzarme al llanto.
Sonámbulo,
jalonado de rezos
desfallecientes.

Me proclamó mi madre
emir de los sudores,
empinada
sobre el pasillo
que unía los ombligos
y su sed.

Me torné vociferante
sin entender de idiomas.
Pellizco de sal
sobre la espuma:
canto ululante
que hermana las chicharras.

Me investí de mi piel
una mañana
y estoy sentado,
a la diestra de mi mismo,
esperando,
para otorgarme
el eterno perdón.

DE MARIONETAS

Las voces
tienen matices de confeti:
carnaval de recuerdos
que se deslizan
por sobre el escenario.

La marioneta de mis huesos
reposará esta noche
engastada entre senos
y nalgas de madera.

Si podéis ver los hilos,
sed indulgentes:
No le contéis mi historia
al buen titiritero.

EL CONVERSO

Bajo un cono de luz
inanimado,
yace el que alguna vez
fuese mi aliento.
Ebrio,
desvergonzadamente
equinoccial y bohemio,
se unió
a una trouppe de bolcheviques
que asaltaron por encanto
una de mis siestas juveniles
y, en medio del fragor
de la contienda
que libraron su credo
y mis excesos,
entregó su espíritu inmortal
a la dulce piedad del creador.

¿Qué si lo lloro?
No lo reclama la virtud
y, de seguro,
no es algo necesario.
Te digo más:
bajo la plácida visión
del subsistir,
es muy penoso
que, por azar,
y ante el asombro
de los siglos,

resucitado en el andén
de la estación más respetable,
se precipite
y, obscenamente,
se nos cuelgue del faldón
de un rico abrigo
quien una vez
fungió de redentor.
Es más prudente
no mirarle mientras le sacudimos y,
a quemarropa,
pontificar sobre la desvergüenza
de los borrachos.

AMAZONA

Juegos
de voces y caballo,
enlazan
mis pestañas,
al oído
de una voz
que viene
desde la vergüenza.

No es ocioso
caminar sobre el barro
de los años,
con los años.

Se despiertan,
al cesar el crujir de las pantuflas,
sombras,
reptando por sobre la hierba
sin fracturas
y se lanza
el horizonte
a perseguir a la amazona
y su montura.

De vez en cuando,
la noche
se arrodilla ante mi altar
y galopan para mí
los juegos.
De viento y de voces:
de caballo.

BUROCRACIA

Conteste Usted
sin dilaciones:
¿Quién ha sacado,
sin mi consentimiento,
las memorias archivadas
en mis gavetas?

A nuestra edad,
no nos es dado el tolerar
desconsideraciones
de tal calado.

Y aunque me tome perseguir
más de una madrugada sospechosa
¡Juro que encontraré las mías!

Allá los culpables,
¡Estáis advertidos!

NOTICIAS DE AMOR

Desde la pantalla plegada
del papel
saltan las nuevas,
tiznándome los dedos:
detrás de un titular escandaloso,
un hombre sobrevive
la ordalía del saqueo
de trozos enteros de su corazón.

EL ARTE DE LA GUERRA

De mis exilios aprendí
que la literatura es
cosa de pendejos.
Que las heridas más hondas
no las horada en el pecho la pluma
ni alcanza a cicatrizarlas el verso.
Que el arte de la guerra
no se aprende en los putos libros
sino en el combate cuerpo a cuerpo
con las hembras.
Y que no hay poema, relato o guión,
por mucho almíbar que lo embarre,
que emule la urgencia de amasar
carne firme
o la trepidación de empalar la humedad
de un coño nuevo.

CLORURO DE SODIO

Sal.
¿Por qué infligirle
algún mandato?
Cristal.
¿Para mover a un rezagado?
Ene a ce ele,
dicen que he dicho.
Y así, sin más,
visita mis papilas
el silencio parlante:
sabiduría de los cómplices.
Sal.
¿Por qué insistir
con las palabras?
Encarnación de luz
y señora del gusto,
proclamada.

LA MULTITUD Y YO

Con doloroso esfuerzo,
entre la marejada de los rostros,
junto,
una a una,
las piezas
de un nuevo naufragio:
sangre y entrañas
de los días
y los sueños
que la borrasca del tiempo
reclamará
para su lecho.
El océano de los cuerpos
me empuja,
una vez más,
con su resaca,
contra los riscos.
Y, entre brazadas,
siento la voz agreste del licor,
pleamar de las tripas,
gesto del mal sabor
que habita en cada esquina.
Con doloroso esfuerzo,
entre la marejada de los rostros,
miro los nubarrones
y, al fin, entiendo.
A escupitajos,
a golpes de desprecio,
reclamo mi lugar,
de vuelta a la expiación
que, a bote de olas,
nos ha de guiar
hasta el sepulcro.

ARCHIVO

Vinieron a buscarme
y ya no estaba.
Ni estaban mis hijos.
Ni los hijos de mis hijos.
Vinieron a buscarme
y encontraron
reflejos de voces,
residuos de plomo y antimonio,
polvo de árboles,
amarillentos
y maltratados
por el imparable triturar
del tiempo.

TÉ CON MARY

En una tarde azul
de grandes ojos,
roncas gargantas
escarban lo vivido.
Es solo el fiel retorno
al no ser mañana
lo que el ombligo
nos impone.

Cuando el deseo vencido
repregunta a su sombra,
cómo es la sonrisa
que no existe.
Cuando la lejanía
congela su presencia,
serena, sobre el desfiladero
de los labios.

Volver y estar ahí,
codo a codo,
sol y hojas,
taza de té,
tarde azul
que recién saboreamos.

RETRASADO PARA TRABAJAR

El aguijonazo denso del deseo
me abre y distorsiona el panorama.
Debajo de las cejas se te escurre una mirada
que atrapa mi mano,
engrapándola a esa entrepierna
tan cercana,
disfrazada de relleno de pijamas.

Suspiros, confirmación y frontera cruzada.
Dientes que pastan sobre la clavícula
y el aliento que se desliza
con besos trepadores y
la promesa de
resoplidos que cuajan en gemidos.

El roce de la ropa que se arranca,
despellejada,
me hace la boca agua.

Las ventanas de la nariz
otean y capturan el intenso aroma
de tu piel calenturienta y preñada
de gotitas de sudor.

Cubierto por la música húmeda de los labios,
el ruido del roce y el crujir de la cama,
el tic-tac del reloj solo se escucha a si mismo.

RAZONES DE AYER

Por la calle, a veces,
se detienen mis palabras
a saludarme:
siempre sudorosas,
siempre distantes.

Y aunque, al mirar de cerca,
su rostro demacrado
me obligue a preocuparme,
me piden que las deje,
me piden que no hable.

¿Es su angustia atardecida?
¿Es el calor?
Quien sabe.

Hace tanto que viajan,
hace tanto que caen.

Apresurando el paso
se despiden y, no en balde,
hay un soplo de manos
que se abaten:
siempre extranjeras,
siempre distantes.

LA REVOLUCIÓN

Se bañaron de cielo
un día aletargado,
para que no les latiera
el corazón
como a los otros,
como a la hierba.

Se bañaron de cielo
para inventar la espuma
e intentar acallar
el ladrido reseco
de la sed.

Se bañaron de cielo
para quedarse
y se fueron como tantos.

Diluyéndose con las basuras
que siguen a la verbena;
deslizando la quilla del velero airoso:
papel crujiente
hasta que encuentra el desagüe.
Huyendo por sobre los reflejos
del infinito,
la codicia,
la soberbia
y el otro resplandor.

AMOR EN LOS RÁPIDOS

"Te amo", dice
y las sílabas
se abalanzan por sobre
los riscos de la boca.

Palabras,
condenadas a viajar
por entre el desbocado caudal
de los rápidos
que empujan cada acción,
cada gesto y cada significado.

Bote,
indefenso ante los peñascos,
arrastrado por la corriente.

Como un aventurero
las persigo,
dejándome llevar por los golpes
de adrenalina
de esta excursión,
temiendo que
en cualquier momento explotarán
al contacto con la
escabrosa ribera.

"Te amo", dice.
Pero por algún sortilegio
la travesía captura
mi atención y
las palabras
nunca llegan de una pieza
a mis oídos.

MADUREZ

Ese día me di cuenta
de que una vez ya fui joven:
es que la piel me latía
sin el eco de la mente.
Y el insomnio era una frase,
el verso de unos poemas,
como palabra sin rima,
como siempre,
como siempre.
Ese día me di cuenta
de que la noche cayó
y, asesina indiferente,
se bebió mi sangre a tragos,
sin estrellas y sin pistas.
Arrojando en la repisa
mis arrugas, mis memorias.
Y me dejó improvisando
barreras a la impudicia.
Pero no hablemos de cosas
que ya no tienen remedio.
Si tuviste la fortuna
de cortejar a la luna,
ven y guárdame el secreto:
es que yo escogí la vida
y a mí
me hizo suyo el tedio.

OJOS PROCELOSOS

Ojos procelosos,
saben del torrente que fluye
entre riberas
y se descuelgan
sin excusa,
abrazando el refluir
del último mar.

Truenos y lluvia
que remata y continúa
las paredes de mi piel.

Ojos procelosos
sobre el periódico arrugado
de todos los domingos.

Truenos y lluvia
que se cuela entre ventanas
y el olvido.

RECUERDO DE TU SONRISA

Jugando a ser mariposa
revoloteó tu rostro
sobre mi afeitada
y el agua congelada del espejo
me devolvió
la sonrisa olvidada.

Jugando a ser silencio
se posó en mi frente
ese raro soneto
del potro azul
en el que una vez huimos,
cabalgando secretos.

CAMPANAS

Piedra a piedra
desgrana mi reloj
las arenas de este día.
Pluma a pluma
acolchona su aritmética
de olvido.
Sobre la sangre,
sube rauda una respuesta
que sabe de luz
y de campanas
y que anuncia
el reiterado sonido
de las tripas del tiempo,
sometido.

ALZHEIMER

Así, sin más,
ocurrió que las escamas,
las piedras,
las nubes,
juntadas golpe a golpe,
hurtadas al desvelo,
se esfumaron.
Y el tiempo vino a cobrarte
su terca factura.

Ahora, croando,
batiendo las alas,
consternado.
Con ojos de poseso,
ladrando sobre ladrillos,
despeñados.
Rugiendo,
con el hilo avinagrado,
que te corre entre las cejas.
Sin amparo.

Imploras,
pobre bestia,
ante las puñaladas mortales
que te da tu cuerpo:
¿Quién sabe
como se puede restañar
una hemorragia
de recuerdos?

REDENCIÓN

Yo,
Segismundo de Brabante,
ficción apegada a una nariz.
Estudiante,
siempre estudiante.
Expectante,
por siempre pedigüeño
y aposentado
ante el portal de la vida,
lego mi escudilla
rebosante de amarguras
a algún poema:
perro sarnoso
del decir,
que me demuestre,
con su ilustrado desdén
y sus ampulosos
ademanes relativistas,
que ninguno de los dos
ha muerto.

PUESTA DE SOL

Tarde
de irnos en suspiros,
de apenas sumergirnos
ante el mundo.
Puesta de sol,
de mirarnos a los ojos,
sin viajar a la noche
que nos envuelve.
Cielo moribundo
de largas esperas,
bajo el helado languidecer
de todo amor.
Espejo
donde volvemos a encontrarnos,
mirándonos en la reflexión
del eterno regreso.
Laberinto
donde empezamos a perdernos
dentro de todo lo que es
extraño dentro de nosotros.
Tarde indiferente.
Apenas otra tarde.

TAXI EN ROMA

Detrás de las rendijas,
sincopada,
galopa la obertura de otra respiración.
¿Al senado o a las termas?
No hay memorias
de la orden
que, inclemente,
obliga la tracción.
¿Es acaso la distancia
la que juega con el tiempo?
¿O es el peso acumulado
de un sol canicular?
¡No lo sé:
no está en la crónica!
Y ya que avanzo,
circundado
de sombras sudorosas,
imagino
que, al lado de un Procónsul,
los jadeos,
repiten en neón y gasolina,
los sonidos de la historia,
circulando,
acarreada
por su propio porteador.

NOTICIA DE JOSÉ LUIS

El 20 de febrero
del último año híper-galáctico
y, en vísperas de titularse,
ha sido detenido,
en evidente estado de ebriedad,
el porvenir de José Luis Najul.
Cualquier reclamación
que algún particular tuviere,
diríjase al inculpado,
atrapando su exacta prefiguración
en una burbuja
del tiempo.

BATALLAS DEL AMOR

Anoche escuché decir que,
en lo que concierne a
la propagación de la especie,
las mujeres siempre tienen
un ejército de reserva.

¡Qué revelación!

Yo.
Que nunca tuve
ni un mal soldadito de plomo
con el cual jugar en mi infancia,
por fin entiendo el significado
de algunas retiradas estratégicas.

Más aún.

Pensando en las veces
en que he quemado
mis cartillas de reclutamiento,
me pregunto:

¿A estas alturas,
quién me tendrá
en su listado de reclutas
y por qué razón?

COTILLEOS DE AMORES PASADOS

Desde más de medio mundo de distancia,
oyes nombrar mi nombre de repente y,
esta vez,
apenas si te estremeces.

Los otros comienzan a fastidiar.
A tratar de sonsacarte una sonrisa,
un rictus o un rubor
que les revele lo que escondes.

Pero a estas alturas del partido ya no hay nada,
excepto la vergüenza de que,
en el sitio en el que alguna vez estuvo mi nombre,
solo queda un agujero que nadie,
sino ese hombre que alguna vez fui
podría ayudarte a rellenar,
y ya has aprendido que,
entre mis metas,
no estuvo nunca el lidiar con pequeñeces.

Así que sonríes con timidez,
en silencio,
mientras los otros continúan con su charada,
y dejas que gotee mi nombre
como agua que desliza entre los dedos.

DESFLORACIÓN

Esta noche finalmente entiendo
la métrica de la carne:
la herida que hace rimar tu sangre
con mis sábanas no es tuya.

Las lágrimas que esculpen
tus ojos y mejillas
no son tuyas.

La saliva que bebo de tu boca
tampoco es tuya.

Son retazos de ese diluvio inmemorial
atrapado en la resaca
de nuestros cuerpos.

Mi sudor te salpica
y cae en las calles de Babilonia,
mientras sacrifico en el templo de Astarté
tus tejidos recién desgarrados
y oigo al oráculo esclarecer
cual es el secreto de
todos estos fluidos que recién
hemos exorcizado.

Desesperado,
corro hasta quedarme sin aliento.
y cuando el aire me niega su sustento,
hago uso de tus pulmones inmolados,
humedezco los labios resecos
para atrapar tu lengua salvadora
y con ella en mi boca avara
espero hasta que tu hemorragia
y mi esperma
se secan en los adoquines
de la memoria.

IPSI VENISTIS

Las palabras se llevan
el secreto de mi garganta.

Sabias de mí,
me desconocen.

Cantar de gallos laicos
que me niega,
bebiéndose mi sangre.

CORRESPONSAL

Mi mano derecha piensa en tus senos.
"Han de ser suaves", dice.
"Y plenos".

Mis labios comentan sobre tu cuello.
"Ha de ser largo y delicado", dicen.
"Y tibio".

Mi mano izquierda se diluye entre ensueños.
Y, sin advertencia,
el cielo entero se viene abajo
y brazos,
muslos,
pecho,
ojos,
vociferan todos al mismo tiempo.

Gritan,
dan voces,
reclaman
y te llaman.

Pero solo eres un sueño.
Un nombre.
Unas pocas letras.
Un fantasma.

¿Algún alma caritativa se anima a explicarme
por qué mi cuerpo
se desespera por tu carne,
si ninguno de los dos ha tenido el placer
de un encuentro?

LAS DISTANCIAS MÁS LARGAS

Tú eres remota y silente:
un exhalar de palabras que no acaban de nacer.

Has perfeccionado
el arte de las distancias que se tejen
con órbitas mutuamente excéntricas.

Al otro lado del espejo,
tu silencio es un torrente
que baja por el pie de monte,
preñado de truchas,
sombras y espumas,
azotando las piedras ante ti.

Al otro lado del espejo
tu sonrisa existe.

En mi mente he aprendido
a dejar de nombrarte,
para que los árboles le cedan
el paso al otoño.

Es una relación curiosa:
tu sombra permanece.
La sonrisa envejece.
El silencio se arruga.

Pequeñas flores azules
se me caen de la boca,
como un traje de difuntos.

NOCTURNA

En noches como esta
quisiera encontrarte
y atarte a mi lujuria
hasta que te derritas.

En noches como esta
la piel se me derrama
por las junturas.

No sé donde está la frente,
ni donde acaba la espalda.
Solo siento la silueta del dolor.

Así que quizás lo que me duele
sea el no oír tus pasos precisos
viniendo desde la bruma.

Dejé el rompecabezas:
eres la pieza que falta
para ser lo que eres.

Los otros te detestan
porque no han podido encontrarte.

Eres la pieza que cae
desde el armario de la noche.

En noches como esta
quisiera encontrarte
porque se que tú me buscas
nocturna y codiciosa.

ENVÍAME UN CORREO

No.
No quiero el repicar.
Ni el correr hasta el auricular.
No quiero que me rasgues los tímpanos
con el tono chillón
y los gritos destemplados.

No quiero sentir como el ejército
de tus palabras
taladra mis muros y defensas,
hasta dejarme saqueado y roto.
Stalingrado en verano.
Numancia en América.
Troya sin Elena.

No quiero la angustia de encontrarme
con lo que sé que se avecina.
No quiero lidiar con la sangre
que se agolpa en la garganta
robándole el espacio a las respuestas.

La próxima vez,
si te sientes tentada a acercarte,
por favor,
envíame un correo.

CHICAGO ES SOLO UNA FOTO

Apenas me ha quedado espacio en la memoria
para esa cama de pino.
Discúlpame, pero olvidé los besos
con sabor a tequila
que la decoraban.

La luna no sé si es la misma
o es la de otros sueños.
La ventana donde se asoma
se mantiene abierta
gracias al viento.

¿En qué esquina de Illinois,
en cuál alcoba,
en qué momento
atrapado entre qué brazos,
se desliza ese sueño naufragado
sobre tus orillas?

Historia de dos cuerpos
sin malentendidos,
sin demandas,
sin falta alguna
que clamas para que le abra
hueco en la memoria.

Creo que la perspectiva
hace la petición baldía:
Por más que lo intento
solo he encontrado espacio para la cama de pino.

AMANTES

De todos los hombres que he sido,
ninguno ha retenido la virtud de ser el último.

Uno fue indefenso y se disolvió entre carnes,
todas esas veces primerizas.
Otro fue avaro, sopesando el tesoro de ese amor
al que se le esconde bajo llave.

Un tercero fue arrogante y vacuo,
viviendo bajo la presunción de que la piel
resiste cualquier pregunta.
Un cuarto fue aburrido y predecible, creyendo
en el significado de la palabra "siempre".

Alguno más fue ingenuo y se arrepiente
después de haber peregrinado sobre un
paisaje de corazones rotos.

Ninguno fue longevo.
Ninguno fue feliz en demasía.
Ninguno fue certero.

Como monigotes recortados del periódico,
todos se dan la mano a una,
celebrando el parecido.

De todos los hombres que he sido,
solo el que desconozco es verdaderamente extraordinario:
es el que todas escogieron para enamorarse de él.

CONVERSACIÓN DIGITAL

Nunca aprendí a hablar tenis.
Mis labios derivan hacia el inglés
mientras mi alma está anclada en español.
Pude haber usado el francés,
pero nuestras respectivas escuelas secundarias
estaban en las Antípodas.

Por todo esto, digo,
estoy condenado a ver las palabras
ir y venir,
golpeando la pantalla y
rebotando desde el teclado,
sin pista ni medida de lo que son las reglas.

Miro tus letras desperezarse por encima de la red.
Dices que mi volea es pobre.
Dices que mi revés le pone demasiado efecto
a las frases que recién golpeo,
pero no puedo responderte
porque sigues jugando en tu propia cancha.

Quizás temes que alguna de mis bolas te golpee:
hay presencias que sacan siempre lo peor de nosotros
hasta la superficie.

Nunca aprendí a hablar tenis y,
por ello,
estoy condenado a imaginar tus gestos
sin poder ver las emociones que los acompañan.

¿Cómo se hace para bajarle velocidad a tu voz,
a ver si me entero de los golpes básicos?

EL LABERINTO DE LA CEBOLLA

Con cada capa que descubro
recreo el urticante embrujo
que me retiene en el mundo de Teseo.

Negociar un laberinto es una cosa,
si éste existe en tu mente
y la distancia no te ha robado
la pubertad.

Muy diferente es el caso,
cuando un amante se envuelve
con capas superpuestas de añoranzas.

Mientras viajo,
pelando cada costra lentamente,
confirmo que no voy a ningún lado,
sino que permanezco en los concéntricos instantes
de tantos otros comienzos.

Este viaje marea y enardece,
extrayendo el mismo zumo
a mis lágrimas
y a las que recorrerán tu rostro.

DESEO

Lo que hace a mi deseo diferente
no es el satén,
ni la lubricidad,
ni siquiera la marca de tu piel.

Lo que le hace único
es la superficie de la luna:
su respiración.

La calidad inasible
de lo que anhelamos
sin el beneficio
de la posesión.

UN AMANTE LEE CARTAS

Letra a letra amontoné
retazos de mí
que ya no existen.

La vida los barrió
del patio de esos días
en los que seleccionábamos
una nueva lectura.

¿Acaso la corteza de las frutas
es más sabia que el zumo
que extrajimos?

¿Las sombras de la noche
saben más de la luz
que la alborada?

Letra a letra me desvaneceré
con la misma lentitud
de la vida,
dejando que lo escrito mude
huesos y piel,
con cada amanecer y
cada relectura.

IN SCIENTIA VERITAS

Tú me dejaste deslizar la lengua
entre tus muslos,
para probar que el amor era quimera.
Tan solo una reacción
de membranas húmedas y
hormonas desbocadas.

Tú me dejaste lamer tus pezones
y acariciar las cimas que coronan
para probar que no existe el afecto
sino apenas las descargas sinápticas
que inician las neuronas.

Desde siempre te empeñaste en demostrarme
que no hay gemidos,
ni suspiros, ni quejidos,
ni pliegues en el placer, ni contracciones
que no se puedan explicar
en términos de ligamentos,
músculos, tendones y energía.

Ahora que ya no rondas mi cama
como antaño, no puedo evitar
preguntarme
quién coño me va a ayudar
a entender cómo es que el dolor
sobrevive a contrapelo
de mis aminoácidos.

ALTER EGO

No muchos, en verdad,
cabalgan la solapa
de mi colección de libros.

Peatones del saber.
Huérfanos del lúdico placer
de sorprenderse
ante el encanto del futuro.

Cosmogonía del metal
al metal abierta:
No lo intuyeron.

Y la piedad se apoderó de mí,
¿O fue la inercia?
Y les renté un estante.

¿Son, acaso,
parientes pobres de esa,
tu buena información
de provinciano?

No lo sé.

Pero, en la duda,
los oculto
como verrugas de mi otro yo,
carente de cultura.

ASTRONOMÍA DEL AMOR

Tengo en mis aposentos
un armario lleno de eclipses,
meticulosamente ordenados,
catalogados y desnudos.

Cada malentendido, disgusto
y cuerpo celestial que se ha interpuesto
entre nuestras órbitas,
ha encontrado refugio en mis estantes.

A estas alturas puedo decir
que poseo un ojo educado
para las sombras que los eclipses
han fraguado en tu rostro.

Y puedo ver los valles y cráteres
cambiar el tono de sus grises
y puedo oír el viento sideral
soplando por entre las grietas del corazón.

Tengo un armario lleno de eclipses
que he recogido laboriosamente por sobre los días.
Meros pedruscos que esperan para despeñarse
por sobre los riscos del desamor.

MEMORIAS DE LA CAMPAÑA DEL PACÍFICO

"Te amo",
me dice en la bañera
y sus palabras rezuman transacción.

"¿Y tú? ¿Me amas?"
Restalla la pregunta en mis oídos.

Uno no puede deshacer cinco millones de vueltas
alrededor del sol,
ni los tortuosos vericuetos de la genética
y su prima la evolución,
por muy caliente que el agua esté en la pileta.

Setecientos años de canciones de amor
no pueden endulzar el sabor de los hechos:
¡Que los hombres solo buscan
maneras creativas de esparcir la esperma
y tú, querida, luces como una de ellas!

Y así diciendo, apoyo mi mano
en la cabeza de playa que es su cadera y,
peleando mi propia batalla,
espero
el avance de las tropas,
mientras me oigo decir:

"Si. Yo también te amo."

GASTRONOMÍA FEMENINA

La porción más delicada
de cualquier ración femenina
y que tan cara resulta a la lujuria del varón,
ha sido confeccionada con particular cuidado
y revela la magia
de una cocina inspirada.

Lo que a primera vista podría parecer
una obscura cavidad de valor modesto,
encubre, en realidad,
una compleja sinfonía de matices:
texturas, sabores y humedades
capaces de satisfacer
al paladar más exigente.

Afortunadamente,
para beneficio de neófitos y mal enterados,
tras sesudas investigaciones
conducidas por los exégetas del tema
y luego de catar innumerables
especimenes femeninos,
ha sido publicada una guía para comensales,
con abundantes términos latinos,
que pudiera orientar
la experiencia gustatoria.

En esta figura, por ejemplo,
la vulva.
También aparece la vagina
y, por supuesto, el perineo
y se hace en ella referencia al himen
como ese adminículo exótico que se encuentra,
ya muy de tarde en tarde,
en algunas novias.

Se listan, además,
un montón de órganos accesorios
que serían del agrado de cualquiera,
si fuese siempre dado tener acceso a ellos:
labios, montes,
colgajos mirtiformes,
corpúsculos de Meissner,
o de Krause
y hasta la uretra.

El clítoris también figura
y Dios sabe que en lugar destacado.

Que pena es que,
cuando el macho común se dispone a entregarse
al disfrute de tal manjar,
prescinda de las fuentes
y se refiera a estos delicados misterios
que recién he mencionado,
con incultura sumaria;
engulla con prisas,
y resuma materia tan llena de posibilidades
con una palabra corta,
fea y de tono indeseado.

CARTAS DE AMOR 1

El día me ha dejado abandonado,
sobre este sofá,
releyendo cartas de amor
viejas y nuevas:
jirones de esas almas de aspirantes
que alguna vez pensaron que,
a su vez,
quizás eran aspiradas.

Cartas de amor.
Palabras lucidas.
Rizos trepadores de esa hiedra
en que se convierte la seducción
cuando pretende cubrir la rigidez
de la piedra
que constituye mi fachada.

CARTAS DE AMOR 2

Tras desempolvarlas, me es dado afirmar
que ya las tengo bajo control.

Susurros decantados en papel.
Historias vestidas de caligrafía.
El mejor papel.
La más cuidada caligrafía.
Los mejores sobres.

Ahora solo me queda deambular por entre las palabras
tratando de conectar los puntos numerados
que, al final, me revelarán tu rostro.

MI VOZ

Si alguna vez
mi voz se detuviese,
habría que citar
a los gendarmes
de la lluvia.

Si alguna vez
mi voz se deshiciese
en llanto,
habría que arrestar
al plenilunio.

Porque mi voz
no es un secreto,
sino un canto que
rebota en otros labios.
Y no es un río,
sino solo un fluir
prestado a la ribera.

Si alguna vez
alguien se preguntase
por mi voz,
habría que interrogar
a la arboleda,
donde entre pliegues
y reveses
se escondió,
para ser noche,
mi garganta.

VIRILIDAD

Esta agresión eréctil
es solo un suspiro.
Un punto sobre las lomas
de alguna piel.

De pronto, angustiado,
miro la hora.
Asumo.
Pienso que no acudirá
a la cita.

Musito alguna justificación
no reclamada
y ruego, ante mi mismo,
que la noche
no abarque tanto silencio
y que la respiración descanse,
entre algún seno
y alguna confirmación.

SONETOS Y OTRAS RIMAS

ACERCA DE LAS DEBILIDADES DEL VERBO Y DE LA VISTA AL TRATARSE DEL AMOR

Te describo en palabras, mas no entiendo
su lenguaje, ni sé lo que razonan;
sé que tratan de amor y que blasonan
al verme, a mi pesar, por Eva ardiendo.

Mi emoción, sus razones, bien comprendo:
un corazón rendido las pregona,
pero el verbo traidor todo emborrona
y termina a los ojos confundiendo.

Poco mi corazón debe a mis ojos,
puesto que siento y así no lo niego
que el alma puede ver más que despojos

y el amor verdadero siempre es ciego.
Aunque lo visto en ti no cause enojos,
es tu ser interior a quien me entrego.

DE COMO LOS SILENCIOS MATAN MÁS CRUELMENTE QUE LAS MUCHAS PALABRAS

No sé si mis palabras son agravios
o si es que todo el mal está en decirlas,
tus labios no parecen requerirlas
para herir con la hondura de los sabios.

Hiere mi voz, quizás, al presentarse;
la tuya lo hace al vestirse de ausencia,
y sangra el corazón con la inclemencia
del hablar desmedido o del callarse.

No quiero en el dolor eternizarme
y, aún cuando dificulto convencerte
si no aceptas ni siquiera escucharme,

asumo mi silencio como suerte.
Si para complacerte he de callarme,
no calles tú también, pues es mi muerte.

RUEGO DE QUIEN ESPERA HACER BUENAS LAS PROMESAS QUE DE VERSE EN PERSONA LE HA HECHO LA AMADA

No es que fuese mezquina tu respuesta,
es que me has revelado algo mejor
y así estoy esperando que esa fiesta
de emociones me rinda su favor.

Tus palabras bien sé que no son pocas
ni fingidas, y así lo digo aquí,
pero sus razones, cuerdas o locas,
nunca son suficientes para mí.

Quisiera poseerte toda entera,
verbo, risa rezumando color.
Ninguna confesión, por muy sincera,

saciará mi deseo por tu amor.
Hoy ruego que no traiciones mi espera,
y que tu presencia colme mi ardor.

CANAS EN EL CEPILLO

Triste botín: cabello encanecido
que te despides hoy tarde de octubre.
Despojo del otoño repetido,
lienzo en melanina, fuga insalubre.

Gris de mezclar las derrotas y sueños
que a mi vida le han dado algún sentido.
Tú y el espejo son fugaces dueños
de las metamorfosis que he sufrido.

¿Esperas que descarte tu mensaje,
a fuerza de habérmelo repetido?
¿Y que ignore los diezmos o el peaje

al que los años ya me han sometido?
Solo la muerte acallará tu viaje
con la piedad de su infinito olvido

A UN POEMA QUE ME EMOCIONA CADA VEZ QUE LO LEO

Cien cintas de palabras hilvanadas,
con raso y muselina entretejidas,
llenan el virgen lienzo, a pinceladas,
de letras y recuerdos de otras vidas.

Los trazos muestran pasiones que han sido,
encarnadas en actores ajenos;
desnudan con hondura lo vivido
al pintar sucesos, malos y buenos.

Y cuanto más las leo, más me instruyo
y me empapo de la sabiduría
del genio que las tejió con orgullo

bordando realidad y fantasía
con arte que se reconoce suyo,
mas sabe revelar la vida mía.

DE AMOR Y DE LOCURA

A quien di mi pasión
me bañó en su desprecio,
me rompió el corazón,
revelándome un necio.

A quien supe ignorar
me siguió con locura,
ofreciéndome amar
hasta mi sepultura.

No sé cual es peor,
si el darse mucho o poco,
ser esclavo o señor,

ser tiniebla o ser foco.
Pero sé que al amor
solo se arrima el loco.

A UNA CORRESPONSAL CON OJOS MARRONES

Marrón, dice, no rojos,
la carta de la Ariana,
al describir sus ojos,
color de la avellana.

Marrón, dice, y recibo
noticia que es constancia
de algo que no percibo
desde tanta distancia.

Marrón bello, mas triste,
marrón entre marrones,
marrón que coexiste

con las mil ilusiones
de quien no se resiste
a sus embrujos burlones.

VESTIDO DE CADÁVER

Quiero tejer el hilo
de mi sangre, vertida.
Quiero bordar de azul
las arrugas que hurté.
Vencer mi sino y son,
oficio y madrugada,
y vestir a la tierra,
preñada, con mi sed.

Quiero coser el borde
de mis huesos, de nuevo,
mientras me lava el viento
los crestones de piel.
Abotonar mis labios
en muslos del deseo
y abrir a dentelladas
bolsillos a la hiel.

Quiero forrar suspiros
en la brisa que sopla,
llevándose mis uñas
a la grupa del Sol.
Quiero teñir mis ojos
con bruma del olvido,
para que no se esfume,
con el tiempo, mi voz.

EL ESPECTÁCULO DEBE CONTINUAR

No sé por qué heredé
la piel de este fantasma.
Solo sé del salir
a escena a trompicones,
con un diálogo a trozos
y a medias digerido:
mapa para un destino
que solo se supone.

Ahora que llega el día
de cerrar temporada,
añoro la certeza
del papel que ya fui.
Maquillado y exangüe,
léxico de milenios,
representado en plazas
de geografía sin fin.

No sé por qué heredé
La hiel de este vampiro
que se bebió mi sangre
con asco y con hastío.
Pero si he de enfrentar a un
espectador postrero,
reclamo su silencio
ante el teatro vacío.

A UN AMIGO QUE CREYÓ VER MI NOMBRE CUANDO ANUNCIARON EL PREMIO NÓBEL

El Nóbel premio me atribuye Hernande
y en mi vida me he visto en tal aprieto:
catorce versos de este mal soneto
son magra obra para ese premio grande.

Si un hijo de mi luz el premio fuese,
que parto tan dichoso que sería;
y a malgastar esa fortuna iría,
a donde el Sol lapón raudo naciese.

Mas temo que no es cierta la noticia,
sino tan solo un ejercicio falso,
lanzado para hurgarme la codicia.

Y este saber no libra del cadalso
que impone a mi arrogancia la primicia
de ceñirme un zapato que no calzo.

AMORES TOREROS

Tu pasión te delata en la mirada
y el fuego del aliento contenido.
Promesas me susurras al oído
de placeres y sábana mojada.

Yo respondo al furor de ese tu abrazo
y a la sorda presión sobre mis senos,
que de dulces delicias están llenos,
con un corto: Joaquín, no seas pelmazo.

Hoy los chicos me han dado un día perro,
la cabeza me explota de migraña.
Esta fragua no va a albergar tu hierro

aunque así lo demande el Rey de España.
No sabrás de corrida en este encierro,
por muy bien que tu pincho se dé maña.

DE LOS ENGAÑOS DE AMOR

Tu mirada me eleva a las alturas.
Tu presencia es la prueba de que hay cielo.
Tu verbo siembra en mí emociones puras
que revelan la fuerza de este anhelo.

Eres la luz que hay en mi firmamento,
el rocío que condensa en mis prados
y sin ti la vida solo es tormento
que deparan los más terribles hados.

Y aunque sé que el amor late en mis sienes
y Cupido en mi pecho dejó flecha,
tus curvas contradicen con vaivenes

y dan paso a la más honda sospecha:
que todo es solo propagar los genes.
Con poesía la trampa ha sido hecha

DE LOS FLUÍDOS QUE CONFORMAN A UNA MUJER

Érase un coño a una mujer pegado:
hendija que de amor la llama enciende,
corte rodeado de pelo rizado,
voz que su lengua biología entiende.

Érase un coño, entre muslos, airoso,
voceando el dulce premio del pecado,
capaz de conmover estando ocioso
al impasible y al enamorado.

Sus efluvios más fuertes que tropismo,
su humedad secuestrando la atención,
pensando en él me quedo sin mi mismo

¿Es esto lo que inflama al corazón?
¿Un vestigio feral de salvajismo
que suple de mujer la encarnación?

DE LOS PELIGROS DE DESMAYO QUE ACARREA EL HECHO DE QUE LA SANGRE FLUYA POR LA CABEZA EQUIVOCADA, CUANDO SE ESTÁ DOTADO COMO UN MULO

Érase un hombre a una polla pegado,
sufrido portador de un instrumento
capaz de dar placer o ser tormento:
basto de carne en ingles engastado.

Érase un hombre atado a una serpiente
como la que mató a Laocoonte,
más peligrosa que rinoceronte,
cuando quiere saciar su afán ardiente.

El tamaño del bicho era leyenda,
lo que criaba la envidia de rivales
que solo ponderaban la jodienda

sin pararse a meditar en los males:
si la sangre fluye por otra senda
es forzoso el apelar a las sales.

ODA A UN TIRANO SIN MONÓCULO

Ciclópeo dictador de decisiones,
esclavo del oleaje de mis venas,
donde vos asomáis crecen mil penas,
disfrazadas de gusto o de ilusiones.

¿Quién os ha otorgado autoridad
para torcer el rumbo a mi razón,
endilgando el abuso al corazón,
si es probado que es vuestra veleidad?

No contento con sembrar mil desgracias
a la honra, moral y castidad,
vais propagando sociales falacias:

reducís de varón mi calidad
a lo que erecto midan vuestras gracias.
¡Ceñíos a mear, por caridad!